JN485339

마음결 이야기

다웅이의 다툼 탐험기

유현실 · 구치헌 · 이한별 · 조준영

박영story

이 책을 쓴 사람들

유현실 교수

대학에서 상담자 교육을 하며, 실용적인 상담도구를 만드는 일에 관심이 많은 상담학과 교수입니다.

구치헌

사람의 마음을 공부하는 구치헌입니다. 마음결 이야기를 통해 서로에게 소중한 부모자녀 관계가 더욱 소중해지기를 바랍니다.

조준영

아동청소년에 관심이 많은 재기발랄한 상담자 조준영입니다. 마음결 이야기책이 자녀와의 관계에 도움이 되기를 바랍니다.

이한별

마음을 닮은 그림을 그리는 이한별입니다. 저희의 이야기가 서로의 마음결을 더 부드럽게 이어주는 다리가 되었으면 좋겠습니다.

마음결 이야기책을 열면서

부모와 주고받는 대화를 통해 아이는 마음속 작은 우주를 만들어갑니다. 특히, 3~5살 무렵의 아이들은 언어능력이 빠르게 발달하면서 자신의 생각과 감정을 표현하고 싶어합니다. 하지만, 아직 정확한 낱말을 고르는 데 서툴고, 복잡한 감정을 다루는 데 어려움을 겪기도 합니다. 이 시기 아이가 부모와 나누는 긍정적인 대화 경험은 아이가 이후 성인으로 커가는 과정에서 자신의 감정을 다루고 사회적 관계를 만들어가는 데 중요한 토대가 됩니다.

마음결 이야기책은 단국대학교 상담학과 졸업생 세 명과 상담학과 교수가 함께 제작한 책입니다. 저희는 부모님과 어린 자녀가 긍정적인 대화를 나눌 수 있도록 일상에서 흔히 경험하는 소재로 동화를 만들었습니다. 이 책에 소개된 동화를 함께 읽고 이야기를 나누는 경험을 통해 부모님과 자녀의 마음결이 한층 보드랍게 성장하기를 바랍니다.

2025년 5월 저자 일동 드림

저는 스마트폰을 가지고 노는 것을 좋아해요.

다웅

스마트폰 속 세상에서는
자유롭게 원하는 것들을 할 수 있으니까요.

그래서, 오늘도 스마트폰 세상에서
즐겁게 놀고 있었죠!

그때, 누군가 저를 끌어당겼어요.

"엄마가 스마트폰 한 시간만 하라고 했잖아!
오늘은 이제 그만해!"

갑작스러운 엄마의 호통에
깜짝 놀라고 말았어요.

오늘은 더 이상 스마트폰을 못 하게 됐어요.
제가 가장 좋아하는 걸 엄마는 싫어하시나 봐요.

시간이 흘러,

저는 오늘도
스마트폰 세상을
탐험하고 있어요!

다웅아!

어디선가 엄마 목소리가
들린 것 같은데…

정말 즐거운 시간을 보내고 있던 도중
평소보다 더 날카로운 목소리가
제 귀에 들렸어요.

다웅아!

엄마가 그만하라고 했지!

괴물 같은 손이 저를 스마트폰 세상 밖으로 끌어냈어요.

"엄마가 밥 먹으라고 몇 번을 말했어!"

"앗! 지금 중요한 순간인데!"

엄마가 화가 나신 것 같아요.

엄마의
화난 모습이
무섭게 느껴지기
시작했어요.

빨개진 엄마의 얼굴,
찡그린 표정,
엄청나게 큰 목소리와
날카로운 말들이
두 다리를 얼어붙게
만들었어요.

얼어붙은 다리가 녹은 뒤에
괴물 같은 엄마를 피해
방으로 도망쳤어요.

"나는 즐겁게 놀고 싶었을 뿐인데…"

한참을 울고 있을 때, 방 밖에서 인기척이 들렸어요.
그리고는 조심스럽게 방문이 열렸어요.

방문 앞에는 엄마가 서 계셨어요.

"다웅아, 엄마가 미안해.
다웅이가 엄마랑 한 약속을
지키지 않는 모습을 보여주어서
엄마도 속상했었어."

"하지만 그렇다고 화를 내선 안 됐는데,
정말 미안해."

엄마의 사과를 듣고 나니
금세 마음이 풀렸고,
오히려 제가 엄마에게
짜증냈던 게 마음에
걸렸어요.

"엄마, 제가 잘못한 건데 짜증내서 죄송해요...
저도 이제 약속 잘 지킬게요."

"괜찮아 다웅아. 이제는 엄마랑 같이 놀자!"

"엄마한테도 다웅이가 좋아하는 게
뭔지 알려줄래?"

그때, 저는 알게 되었어요.

제가 가장 좋아하는 것은
스마트폰이 아닌 엄마,

우리 가족이라는 걸요.

"엄마한테 미안하다고
말해줘서 고마워 다웅아.
엄마가 다웅이 엄청 사랑해."

스마트폰 세상에서 들렸던
날카로웠던 엄마 목소리가
이렇게 부드럽고 좋은 줄 몰랐어요.

부모님 활용 가이드

● 다웅이 이야기는 무엇을 담고 있나요?

다웅이 이야기는 스마트폰을 좋아하는 아이와 자녀의 지나친 스마트폰 사용을 걱정하는 부모님 간의 다툼을 다루고 있습니다. 또 한두 번의 경고로는 쉽게 말을 듣지 않는 자녀의 모습도 담겨 있습니다. 부모님 입장에서도 화가 나실 만합니다. 부드러운 말로도 잘 따르는 아이라면 잔소리를 할 일도 없고 서로 마음 상할 일도 없었을텐데 말이죠.

스마트폰은 편리한 도구이지만 과도한 사용은 아동의 뇌발달에 상당히 부정적인 영향을 미치죠. 그렇기 때문에 자녀가 너무 오랜 시간 스마트폰을 사용하는 모습은 부모로서 당연히 걱정스러운 일입니다. 그럴 때마다 자녀에게 잔소리를 하거나 야단을 치게 되는 것도 당연합니다.

아이들은 종종 자신의 스마트폰 사용에는 문제가 없고 자신은 잘 절제하고 있다고 우기기도 합니다. 부모님 입장에서는 그렇게 말하는 자녀가 이해가 안되고, 여러 번 야단을 쳤는데도 말을 듣지 않는 모습에 더욱 화가 나기도 합니다. 하지만 앞선 이야기에서 나타나는 초반 엄마의 모습은 자녀의 스마트폰 사용을 바로잡아주고 싶은 의도와는 달리, 결과적으로 자녀와의 관계에 금이 가게 합니다. 또한 자녀 스스로가 자신의 스마트폰 사용에 문제가 있다고 깨닫는 데에도 도움을 주지 못합니다.

모든 부모님의 자녀를 사랑하는 마음은 만국공통일 겁니다. 하지만 자녀를 키우다 보면 미울 때도 상당히 많죠. '다정하게 잘 대해줘야지', '아이를 훈육할 때 소리 지르지 말아야지' 하고 마음은 먹지만, 막상 아이가 기대와 다른 행동을 반복하는 걸 보면 다웅이 엄마처럼 순간적으로 화나는 마음을 참기가 어렵습니다. 그렇기 때문에 자녀를 따뜻하게 대하라는 막연한 조언이 실제 상황에서는 큰 도움이 되지 않기도 합니다. 마음이야 당연히 잘해 주고 싶지만 아이가 원하는 것을 그대로 다 들어주기만 해서는 아이의 습관이 제대로 형성되지 않을 거라는 걱정이 먼저 앞서지요.

아이들은 아직 많이 어리고, 자기 뜻대로만 하려고 하고, 원하는 것이 채워지지 않으면 떼를 쓰고, 말도 안 되는 논리로 억지 주장을 펴기도 하죠. 하지만, 이러한 미성숙한 태도는 아이가 아직 어리기 때문에 나타나는 지극히 당연한 모습들입니다.

많은 부모님들께서 내 아이가 부모의 속을 썩이지 않고, 내가 말하는 대로 착착 행동하는, 순하고 착한 아이로 자라주길 바랍니다. 아주 가끔 부모의 뜻을 전혀 거스르지 않고 부모가 말하는 대로 행동하는 이웃의 아이를 보면 저 부모는 아이 키우기가 얼마나 편할까 하고 굉장히 부럽기도 합니다. 하지만, 그러한 경우는 사실 굉장히 드물죠. 아이들은 각자 타고난 성정을 가지고 세상을 살아갑니다. 부모의 훈육을 일방적으로 흡수하기보다는 부모와 갈등하면서 좌절하기도 하고 때로는 부모의 칭찬과 격려를 받기도 하면서 세상을 살아가는 규칙을 배우고 성장해 갑니다. 자녀를 성숙된 인간으

로 기르는 이러한 양육 과정은 결코 쉽지 않습니다. 좋아하는 것을 하지 못하게 될 때 아이들은 좌절하죠. 그리고, 아이가 좋아하는 것을 못하게 하는 부모님도 아이만큼이나 속상하고 마음이 좋지 않습니다.

■ 자녀의 부적절한 행동을 훈육할 때 어떤 점들을 유의해야 할까요?

그렇다고 해서 자녀의 모든 요구를 다 들어주는 것이 자녀를 올바르게 양육하는 것일까요? 글쎄요. 아이의 요구를 모두 들어줄 수도 없거니와 자녀 또한 자신의 이기심과 욕심을 통제하는 방법을 배울 수가 없게 됩니다.

아이가 올바르게 성장하기 위해서 부모님의 지지와 사랑은 절대적으로 필요한 요소입니다. 하지만, 아이가 자신의 욕구와 본능을 다스리지 못한다면 아이는 성숙된 인간으로 성장하기 어렵습니다. 때문에, 아이가 자신의 욕구를 잘 다스릴 수 있는 방법을 배워야 합니다. 이것이 훈육이고, 자녀를 양육하는 과정에서 훈육은 필수적입니다. 훈육은 굉장히 많은 심리적 에너지를 필요로 합니다.

종종 부모님들 중에는 아이에게 심하게 야단을 치고 난 후 미안한 마음에 곧바로 아이가 원하는 것을 다시 들어주는 경우도 있습니다. 그러다 보면, 아이의 나쁜 습관은 해결되지 않고 더욱 강화되곤 합니다.

때문에, 아이와 부모 간에 갈등이 벌어질 때 서로의 속상한 마음을 잘 견디고 효과적으로 다루어야 합니다. 그래야 아이의 나쁜 습관도 적절히 교정될 수 있고, 부모님의 양육이 제대로 효과를 거둘 수 있습니다.

자녀의 부적절한 행동을 효과적으로 훈육하기 위해서는 다음의 사항을 유념하시기 바랍니다.

첫째, 감정들을 다스리는 것부터가 중요합니다. 부모님들께서는 자녀의 말과 행동으로 불쾌하거나 감정이 상하실 때 어떻게 하시나요? 화가 나게 되면 "너는 도대체 왜 그러니?"와 같이 본인도 모르게 억센 말이 튀어나올 때가 있습니다. 하지만 조금 지나서는 후회하시죠. '애가 아직 어린데, 내가 말이 너무 심하게 한 것 같네' 하시면서. 이성적으로는 '그렇게 말을 하지 말았어야 했는데' 하시면서 참아야 한다는 것을 잘 알고 계신 거죠. 그렇다면, 어떻게 해야 부모님 자신의 화난 감정을 잘 다스리면서 좀 더 효과적으로 자녀를 훈육할 수 있을까요?

자녀의 행동으로 인해 부정적인 감정이 올라올 때 심호흡을 하며 '훈육할 시간이 왔구나' 하고 오히려 침착해지실 필요가 있어요. 여유 있고 부드러운 자세로 부모님께서 보여주실 수 있는 관심의 표현과 훈육법을 보여주시면 자녀는 부모님이 자신을 진정으로 좋아하고 존중해준다고 느끼고 부모님의 방법을 신뢰하고 더욱 친밀하게 느끼게 됩니다. 이러한 과정을 통해 자녀와 친밀한 관계를 형성하여 자녀의 자기 결정성도 향상시킬 수 있습니다.

둘째, 자녀의 표현에 최대한 집중하는 것입니다. 자녀에게 관심을 보이는 것과 함께 자녀가 어떤 말을 하는지 관심 있게 들어주는 것 또한 기본임을 부모님께서 너무나 잘 알고 계실 것 같아요. 이것이 바로 경청입니다. 경청은 단

순히 상대방의 말을 듣기만 하는 것이 아니라 말의 이면에 깔린 동기와 정서에 귀를 기울여 듣는 것을 말합니다. 자녀는 부모님의 표정, 몸가짐, 고개의 끄덕임과 같은 비언어적 표현과 "아, 응, 그랬구나" 등의 간단하면서도 세심한 언어적 표현 등을 통해 '아, 부모님이 내 말을 잘 듣고 있구나!'라고 느낍니다.

대화를 할 때는 눈을 마주치는 연습을 하는 것부터 자녀의 표현을 알아차릴 수 있는 첫걸음이 될 수 있습니다. 지금부터라도 자녀와 대화를 할 때 눈 마주침을 시도해보시는 것은 어떨까요?

마지막으로, 자녀의 상황에 공감하기 위해 노력하는 모습이 중요합니다. 공감이란 상대방의 입장이 되어 그 입장을 이해하는 것입니다. 내 입장에서, 내 방식대로, 내 감정대로 이해하는 것과는 다릅니다. 또한 공감은 이해한 것을 말 또는 행동으로 표현하는 것입니다. 공감은 생각보다 어렵습니다. 아무리 내 자식이라도 자녀의 마음을 100% 이해한다는 것은 불가능합니다. 따라서 공감에 있어 중요한 것은 자녀의 상황 혹은 감정에 대해 다 알고 있다는 태도가 아니라, 자녀를 이해하려고 노력하고 있음을 보여주는 것입니다. 일단 자녀의 말을 경청하고 비난하거나 판단하지 않고, 따뜻하고 부드러운 목소리로 자녀가 처한 상황에서 자녀가 느꼈을 법한 감정을 읽어주시면 됩니다. 혹시나 나의 반응이 부정확했거나 자녀가 나의 공감에 잘 반응하지 않더라도 걱정하지 마세요. 자녀가 느끼는 것에 대해서 보다 잘 이해하고 싶다며 더 설명해 달라고 하시면 됩니다.

말을 통해 감정을 전달할 때에는 상대를 비난하지 않고 내 감정을 진솔하게 전달해야 상대방이 받아들일 수 있답니다. 감정을 상하게 한 상대방이 메인이 되는 것이 아닌 감정이 상하고 속상한 감정을 메인으로 두는 것이죠. 마음을 열어 전달하는 방법에는 '나 전달법'이 있습니다. "나는 말이야~ 이렇다"라고 '너'를 주어로 사용하지 않고 '나'를 중심으로 메시지를 전달하는 것이에요. 말의 시작을 "나는~" 혹은 "엄마는~"으로 시작하면 쉽습니다. 그리고 "OOO이가 엄마 말할 때 쳐다보지 않으니까"처럼 상대방의 행동에 대해서 이야기합니다. 그 다음에 어떻게 느꼈는지 내 감정을 말하는 것이지요. "~하니 서운한 걸" 이렇게 말이죠. 또한 내 감정의 이유를 덧붙일 수 있습니다. "엄마는 OOO이가 엄마 말을 건성으로 듣는 것 같아서 속상한 걸" 이렇게 말이죠.

훈육의 과정에서 가장 중요한 점은 상황이 발생했을 때 바로 조치가 이뤄져야 한다는 점입니다. 어린 자녀들은 상황의 맥락과 타인의 감정을 고려할 수 있을 만큼 정서적인 성장이 이루어지지 않아 미성숙합니다. 즉각적인 피드백을 통한 정서적 개입으로 자녀의 잘못된 행동을 교정하는 것이 추후 자녀의 성장에 있어 중요한 역할을 하게 될 것입니다.

다웅이의 어머니처럼 갈등 이후 손을 내밀어 타협하는 것은 일방적으로 자녀에게 화해를 강요하는 것이 아니라 함께 노력하자고 요청하는 것입니다. 즉, 자녀의 잘못이 분명하고 서로의 감정이 상해버린 갈등 상황에서 부모님이 먼저 양보하고 손을 내미는 것이 중요합니다. 자녀들은 갈등 상황을

부드럽고 효과적으로 해결해낼 수 있는 능력이 아직은 부족하기 때문이죠. 먼저 자녀의 이야기를 들어보고, 부모님이 노력할 수 있는 점을 말합니다. "우리가 약속한 시간 동안에는 네가 스마트폰 할 때 방해하지 않을 테니" 그리고 자녀가 노력해 주었으면 하는 점을 말씀합니다. "그 외 시간에는 네가 엄마랑 대화의 시간을 가지면 어떨까?" 혹은 "그 외 시간에는 엄마의 말을 집중해서 들어주면 어떨까? 그러면 엄마는 너무 기쁠 것 같아"라고 말이죠.

■ 자녀에게 효과적으로 훈육하기를 연습해보세요.

올바른 훈육 방법 이해에 도움을 드리기 위해 다음의 몇 가지 예시를 추가로 보여드립니다. 그대로 따라하시기보다는 방법을 익히신 후에 각자의 스타일대로 실제 훈육 상황에서 적용해보세요.

상황1

자녀: (부모님의 말을 듣지 않고 떼를 쓰며 소리 지름) 왜 안 된다는 건데!!

엄마: OOO야! 이렇게 떼를 써봤자 엄마가 해줄 수 있는 것이 없어!

* 이렇게 바꿔 보세요.

자녀가 힘을 다해 더 이상 악을 쓰지 않을 때까지 기다려주기.

엄마: (몸을 숙여 자녀와 눈을 맞춤) 엄마가 계속 OOO이를 혼내는 것 같아서 속상했어? 엄마가 사과할게. 어떤 게 가장 속상했어? 엄마가 미안해.

(자녀 꼭 안아주기)

(자녀의 상황을 공감 + 편하게 소통할 수 있는 환경을 조성)

상황2

(자녀가 잠을 자지 않으려는 상황)

엄마: 이제 자야 할 시간이야. 어서 자. 빨리!(짜증) 엄마랑 약속했잖아!

* 이렇게 바꿔 보세요.

엄마: "OOO이 이제 곧 잘 시간이네? 지금은 잠이 오지 않아서 더 놀고 싶은 거 알겠는데, 충분히 잠을 자고 에너지를 충전하는 것도 중요해(부드럽지만 단호하게). 엄마 아빠가 볼 때는 OOO이가 하루종일 에너지를 너무 많이 써서 충전이 필요해 보이는 걸? 내일 더 열심히 놀아야 하니까 같이 방에 들어가서 자려고 한번 노력해볼까~?"

(자녀의 상황을 공감 + 감정을 다스리고 자녀와 대화)

추가적으로 자녀의 스마트폰 사용 관리에 있어 가장 핵심적인 요소는 '규칙'입니다. 규칙을 통해 형성된 안정적이고 일관적인 시스템 내에서 자녀는 편안함을 느낄 수 있습니다. 그러기 위해선 옳고 그름을 구분할 수 있는 규칙을 부모님께서 잘 설정해주어야겠죠. 안정적인 시스템 내의 규칙을 통해 자녀에게 선택의 기회를 주고 그 과정에서 자율성을 발휘할 수 있는 요소들을 세팅해주어야 합니다.

안전한 환경과 명확한 규칙이 필요한 첫 번째 이유는 자녀에게 안전한 환경을 제공하기 위해서입니다. 미끄러운 빙판길에서 뛰는 것을 막는다든가, 날카로운 물건을 만지는 것을 막는다든가 하는 일은 법적인 제재를 받을 일은 아니겠죠. 하지만 자녀가 호기심으로 하는 행동들이 매우 위험하다는 사

실을 알려줘야 하는 것은 부모의 의무입니다. 부모님은 자녀가 혹시 유해한 행동을 선택하지는 않는지, 유해한 행동은 아니나 유해한 방법을 선택하지는 않는지, 유해한 행동이나 방법은 아니지만 과도한 정도로 행동하지는 않는지를 지속적으로 모니터링하셔야 합니다.

스마트폰 사용이 나쁜 것은 아니나 스마트폰으로 유해한 내용을 보는 것은 막아야 합니다. 또 스마트폰으로 게임을 할 수는 있지만 유해한 방법을 사용하면서까지 게임에 몰두한다면 이 또한 막아야 하지요. 그리고 스마트폰으로 적절한 것을 적절한 방법으로 한다고 해도 과하게 하는 것은 막아야 하는 거구요. 결과적으로 자녀의 행동이 잘못된 결과를 초래할 수 있다고 본다면 알려서 조절하도록 해야 하는 것이지요.

두 번째 이유는 자녀를 건강하게 키우기 위해서입니다. 양치질하기, 제때 밥 먹기, 밤에 지나치게 늦게 자지 않기와 같은 기본적인 생활습관을 만들어주는 것이 그 첫걸음일 것입니다. 스마트폰을 과다하게 사용할 경우에도 거북목 증후군, 안구 건조증, 전두엽 활동 저하와 같은 신체적 이상이 생길 수 있습니다. 자녀를 건강하게 키우기 위해 자녀가 건강을 위협하지 않는 선에서 스마트폰을 사용하도록 규칙을 설정해 줄 필요가 있습니다.

다음 페이지의 자기 점검 질문을 통해 효과적인 훈육을 잘 실천하고 있는지 점검해보시기 바랍니다.

* 자기 점검 질문

1. 부모님의 입장에서만 문제를 바라보고 계시진 않나요?
2. 행동에 대한 훈육이 아닌 비난을 하고 있진 않으신가요?
3. 자녀와 설정한 규칙을 잊고 계시지는 않으신가요?
4. 훈육을 하고 난 후 자녀에게 반성할 수 있는 혼자만의 시간을 충분히 주셨나요?

마음결 이야기
다웅이의 다툼 탐험기

초판발행 2025년 6월 10일

지은이 유현실·구치헌·이한별·조준영
펴낸이 노 현

편 집 소다인
기획/마케팅 이선경
표지디자인 BEN STORY
제 작 고철민·김원표

펴낸곳 ㈜피와이메이트
서울특별시 금천구 가산디지털2로 53, 210호(가산동, 한라시그마밸리)
등록 2014.2.12. 제2018-000080호
전 화 02)733-6771
f a x 02)736-4818
e-mail pys@pybook.co.kr
homepage www.pybook.co.kr
ISBN 979-11-7279-137-7 03370

정 가 9,000원

박영스토리는 박영사와 함께하는 브랜드입니다.